오로지 내 꿈속에서만 있는 일

김 진 태 시집

시와사람

김진태 시집
오로지 내 꿈속에서만 있는 일

2022년 2월 15일 인쇄
2022년 2월 20일 발행

지은이 | 김 진 태
펴낸이 | 강 경 호
인쇄 · 기획 | 도서출판 시와사람
등 록 | 1994년 6월 10일 제 05-01-0155호
주 소 | 광주시 동구 양림로119번길 21-1(학동)
전 화 | (062)224-5319
팩 스 | (062)225-5319
E-mail | jcapoet@hanmail.net

ISBN 978-89-5665-623-6 03810

값 10,000원

* 잘못된 책은 바꾸어 드립니다.

오로지 내 꿈속에서만 있는 일

시인의 말

외로웠겠다

이슬과 햇볕 사이

행과 연 사이

건너오고 건너왔던 속으로

투구 새 한 마리 창천(蒼天)을 향해

날아간다.

차례

1부

2부

3부

4부

1부

아마릴리스*

비 오는 정원에 물을 뿌리고 싶습니다
약속은 자기에게만 하는 말이라고
그런 이유로 내가 당신을 몰랐다는 게 맞습니다

하얀 구근에서 빨강 꽃망울을 터트린다는 거
창문을 닫아도 달콤한 향기가 건너온다는 거

지키지 못하는 약속은 약속이 아니듯이
약속 밖의 약속은 겉이라는 외간을 방황하지요

겉이라는 어색함
겉이라는 아집
겉이라는 소외감

그리고
하얀 구름, 하얀 윤슬, 하얀 파도를 그리며
해안가 작은 꽃밭에서 당신을 떠올려 보았지요

기다림도 이제 먼 곳으로 떠나보냈는데
멀리 두고도 가까이 보는 마음이

꽃구름처럼 일어나서,

비 오는데 물도 뿌리면서 말입니다.

*아마릴리스의 꽃말~약속

쯤

빗소리를 견뎠어
너에게 닿을 수만 있다면

잡을 수 없는 건
놓아야 하는 것이었어

(넘어진 사람은 어차피 보이지 않으니까)

할 수 있는 건
눈을 감고

닿을 수 없는
한 사람을 기억해 내는 일

비에 젖어
몸까지 소거(消去)된 하루

쯤,

새인봉

붉은 인장이 찍혀 있었다

겨울을 기다리는 지붕 위로

피아노를 짊어지고 새인봉을 오르는 바람

건반을 두드리는 증심사 계곡에는

입석대의 바람이 데려다 준

낙엽 구르는 소리로 수선스러웠다

중머릿재 가득 채운 억새들의 얼얼한 선율이

중세의 고물 피아노에서처럼 흘러 나오고

타오르는 낙엽들의 붉어진 가슴 위로 구른다

곧 눈의 화음이 뒤따라 올 것만 같다.

어디서 왔을까, 이 우주는

홰치는 소리로
침잠하던 우주의 문이 열리는
푸른 새벽의 시간

연둣빛 여명이
산기슭을 타고 넘어 오는
희뿌염한 신비에 싸여
들녘은 주황이었다가 초록이었다가
다시금 분홍으로 치마를 드리운다

빛의 온기에 기대어
어머니가 물을 뿌리고
텃밭에는 어느새 오이와 가지
토마토가 우주 하나씩을 매달고 있었다

저 우주가 내게 오기까지
거친 바람과 가뭄에 찢기고 넘어지며
수많은 겹을 벗겨냈을

아, 하고 입을 벌리니 어머니가

발갛게 익은 호흡을 내 입에 밀어 넣어 주신다
오매, 내 새끼야, 아프지 말거라

가슴에 우주가 멍울이 진다.

노을의 귀

고요가 붉다
진달이* 달려온 낮달을 밀어 올리며
홰친거리는 낚싯줄을 힐끔거리던 갈매기가
밀물 한 자락 감아 챈 후 수직으로 솟는다

오늘은
눈썹이 선한 향화도에서
시 한 줄 꿰려고 너를 기다리고 있다

짧은 엽서를 우체통에 넣고
무작정 달려온 날

썰물 후 살이 붙는 개펄처럼
기다리면 돌아온다고

뭉클한 것들은
가슴 속 여백으로 비워 놓고

밀물이 휘돌아 와
노을의 사랑이 시작되는 날

아픈 몸짓으로 울어도 괜찮다고
내 시의 종장엔 노을의 귀라고 적었다

*落月島의 우리말

숲속의 배후

땅거미가 시작되자 숲이 술렁이기 시작했다
그림자가 길게 깔리기 시작하면서였다
숲에 매달린 여름 여치의 날개에 눈이 밟혔다
녹색 모자에 연분홍 원피스 받쳐 입고
돌아가는 중이라고 했다

그 때, 내 감성의 떨림이 파르르 되살아오는 것을 보았다

슬픔을 겨워내는 비릿한 배신 같은
새벽 물안개처럼 진화하는 물의 빛깔 같은
기다려도 도달하지 않는 막차의 불빛 같은

기다림의 나이테는
왜 한 편으로 기울며 자라나는 것일까
수척해진 그림자가 내게 행선지를 물었다
어둠의 끝은 다시 빛의 시작이라고
무릎을 웅크리고 별빛을 가만히 내려다보았다.

딱,

폭폭
쌓이는 함박눈과 노닥거리기 좋은 시간

씨앙씨앙
바람을 들쳐 업고 주막 찾는 일 즐겁지

예그리나*
빈대떡에 청주 한 사발 멋스럽게 마시다 보면

불그레한 취기가 찾아오고

가끔
눈꼬리 찔끔거릴 사연 들춰가며

딱,
한 잔만

더,

네게 살짝 휘어질 정도로만.

*사랑하는 우리 사이라는 말.

월광이라는 이름의 문장으로

그림 속 여자가 문장 하나 보내왔다
행간이 짧아
나를 외롭게 했던 이 문장은
오래지만 읽는 순간 새로워져서
반짝이는 이슬처럼
월광을 두드리는 것 같아
아프게 떠나보낸 사람이어서
건반을 연주하며
푸른 달빛으로 건너온다
그때는 영원할 것 같았던
월광이라는 이름의 문장으로,

충효동 왕버들

한가로이 걷는 것은 즐거운 일이지
쥐오리 한 쌍 노니는 일 또한 멋스러운 일이고
뜨끈뜨끈한 손 두부에 묵은지 한 가닥
무등산 생 막걸리 사발로 마시며
욕쟁이 주모 농담도 한 번 흉내내는 거지
석양을 자글거리는 광주호 바라보며
방귀도 두어 줌 뿡뿡 거리던
건달 같은 호시절이 없었겠느냐만
여기는 바람도 말간 생태공원
깊고 높은 가을의 끝자락
배짱 맞게 좋은 날
화순 적벽 다녀간 선달님이 행여 찾아오실는지
그럼 나는 소쇄원으로 마중 나가 문장 하나 날리는 거지
담양 떡갈비와 죽로주 한 상 차려 놓고
왕버들 할매 할배들 세수(歲壽) 홍정해 보는 거지

조각별 벤치

이팝꽃 그늘이
차가운 발에 내려앉았다
곁을 어슬렁거리는 바람
한뎃잠의 흔적이
명치끝에 매달려 가는 숨을 토한다
모진 삶을 지탱하는 늑골로
견디고 온 노동의 일상
구겨진 허리를 벤치에 누이면
비둘기처럼 빨간 발톱이
구멍 난 양말에서 빠져 나왔다
별빛을 움켜 쥔 그의 까만 손
돌아눕는 등 뒤로 별똥별이 흐른다.

거미의 집

바람 소리로 집을 짓는다
거미는

허공에 주춧돌을 놓고
구멍 뚫린 이엉으로 지붕을 인다

새벽이슬로 새끼들 세수시키고
식탁을 차리고 빵을 굽는다

바램이 하늘에 닿아 햇살이 비치는 날이면
대문을 활짝 열고 받아들인다

촘촘히 갇힌 나비의 날개처럼
하늘 한 번 날지 못한 아버지의 날개가

바람의 소리로만 곁에 머물던
거미의 집

오월의 달빛이 나를 물고

다가서는 봄 향기만으로는

개나리 입술의 미소만으로는

나는 그 해를 보낼 수 없었다

아이들은 끝내 돌아오지 못하고

하모니카만 내 입술을 물어온다

낮고도 시린 음계

내 눈가에 스며드는 달빛으로 물들었다.

첫눈

내가 가질 수 있는 건
허공을 내려서는 날개 뿐

허구한 날 나를 깊고 아늑한
구석으로 내모는 일이라서

벗어도 부끄러운 줄 모르고
눈감땡감 쌓여지던

너.

바닷가의 꿈

먼 바다 개가 울어
문풍지도 따라 울어

돌담장 통통 넘어
장독대 폭폭 쌓여

절절 끓는 아랫목에
보리밥 한 사발 묻어 놓고

화로에 불씨 살려
고구마 묻어 놓고

무릎에 눕힌 어린 동생
꿈 소풍을 떠났는데

애들아!

꿈결에서 들려오는
어머니 목소리.

구름

뿌리가 없어 머물 수는 없지만
날개가 없이도 날 수는 있었지
따개비를 따오던 배고픈 내게

뭉개 떡을 만들어 주던
노을과 함께 까무룩 그 품에 잠들고 싶은

어느 꽃 핀 자리에 내려앉았던
여인의 이름이었을까.

달무리

사랑은
옷소매를 파고드는 달빛이거나
겨울밤을 녹이는 별물이라고
너의 혀끝이 나의 입술을 열던
잠깐 사이
거짓의 혓바닥은 눈꽃으로 부활하지

사랑은,
달빛을 끌어안고
누군가에게 편지를 쓰고
누군가의 노래를 들으며
바깥에서만 서성거리다
텅 빈 가슴을 스쳐간 것처럼
그 흔적을 그어준 밑줄처럼
처음 본 달무리처럼

사랑은
가까이 두고 멀리 보는 거라고,

철근공 심씨의 가을장마

공손하게 엎드린 체 가로세로 엮는다
씨줄과 날줄이 삶의 간극처럼 숨차게 얽히는데
우르르 쾅, 천둥소리
비가 싫어서가 아니다
작업을 마칠 때 까지
그냥 무사하길 빌고 싶었다는 거
새카맣게 그을린 김 팀장이 하늘을 쳐다보는 동안
그는 끝까지 갈고리를 붙들고 있었다
아들놈의 등록금은 가불로 채우고
다가올 추석에는 요양원 어머니도 찾아봐야 되는데
비릿한 간절함이 묻어 나온다
빗방울이 굵어지고
함바*로 피신 나온 얼굴들이 먹장구름처럼 어둡다
그만 포기 하세
일당은 글렀네
오늘도 하늘은 숨 쉴 구멍을 내어주지 않는다

*건설현장의 구내식당

가을이 강을 건너는 동안

집을 떠나온 것은
입동 무렵이었다

간이역을 떠나는 밤기차의 불빛을
왜 죽음이라고 생각했을까

이 도시에서는
불빛이 사라진 지 오래였다

환승을 하며
잠들 수 있는 곳을 찾는다

종점일지도 모를 도시에는
내가 아닌 내가 질식의 밤에 유기된 체였다

취하지 않는 사랑은 사랑이 아니라고
취객은 나에게 화를 낸다

이건 삶도 아니야
인생이란 말이야 개ㅈ도 아니더라구!

페이스 북이 내 나체를 스크린샷 한 후
친구 할까요 묻는다

수락!
가을이 강을 건너고 있다.

간이역

일흔을 넘은 달빛을 두고 바람에 휩쓸린 낙엽이 넋두리하듯 지나간다

선로를 지나가는 청춘의 뒷맛은 조금은 쓸쓸하고 알싸하다

어둠 속에서 외려 빛나는 눈물이 불빛을 달고 있다

기차는 3억5천만 광년에서 지구로 날아온 손님을 태우고 아무도 기다리지 않는 사랑역을 지나간다

구멍 난 마음들이 흩날리는 벤치에 일흔이 넘은 달빛이 길게 앉는다

연착된 죽음은 아직 기적을 울리지 않는다.

2부

오이

비 그치자

그 사이 방망이가 되었네

일찍부터 부지런한

아랫마을 개미들

헛 둘 헛 둘 발맞춰

오이사냥 나오네.

뻘뻘

스타벅스 초입
영업 중 표지판 옆
팔천 칠백 이십 원
알바여학생 구함
광고 문구는

시급 일만 원이 될 때까지

우산도 없이
뻘뻘.

새벽

금당도에 도착하니
낚시질 먼저 하고 싶었다

미끼 끼고 챔 질을 해댈수록
은근히 기대가 커져간다

바다는 한참을 웅얼거리다
배불뚝이 복쟁이를 내어주었다

복어구먼요
선장은 독이 있는 괴기라고 일러주고
나는 손맛이면 되었다고 씨부렁거렸다

바다는 주인을 따로 모시는지
입질은 가뭄에 콩 나는 격이었고

평소에 지은 죄가 많아
벌 받는 거라고
등대를 밀어 올리는 밀물의 시간에
마음을 다잡으려는 순간

강성돔 한 마리 당첨!

로또보다 반갑고
새벽에 갑자기 써진 시 한 편처럼 반가워 진다.

屋上 일기

토마토를 따려다가 손을 멈춘다
물을 주는 머슴일은 내 차지
수확하는 일은 아내 몫이라서
부부싸움을 하면서도
그리 이상한 일은 아니었다
오카리나를 연주하고
탁구게임을 할 때보다
고추 따는 일이
더 행복하다는 아내는
살갗과 살갗이 스치고
숨결과 숨결이 부딪히고
종종 난리가 났던 기억도
옥상이 받아주는 굵은 빗소리도
여름밤의 홍건한 계절의 시 같았다.

독거

새벽 산책길
들국화 곁에
버린 냉장고 홀로 누워있다

위층 아래층
굳게 입 다물고.

겹

-두암초당에서

허공에 매달린 호흡이

얼마나 고독한지 알지 못하고서는

절경에 아직 도달하지 않은 것이다

절벽 위 처마에 사백 년 전 날아온 제비가

가파른 한 겹의 풍경으로

두암초당(斗岩草堂)*이라 집을 지어 놓았다

허공에 매달린 툇마루에 누워 상량(上樑)에 시 한 수 이었던 이여

멀리 인천강으로 흐르는 한울**의 시공을 보았는가

한 겹을 비우고자 찾아든 절경에 누워

시심을 부려놓고 떠나가는 구름의 뒷모습을 무심결에 바라본다

내 모든 시의 겹을 벗겨내고 허공을 걷는 동안

한 발은 또 한 발의 절경으로 이어지는가

저물녘의 명상을 드리운 선비의 숨소리를 아득하게 듣는다

*고창군 아산면 반암리 소재

**하나의 우주(천도교)

그 일은 오로지 내 꿈속에서만 있는 일

해질녘 종소리 아득하게 울리는
저녁을 품은 노을녘에
황새 한 마리
그 풍경을 바라보는

그 일은 오로지 내 꿈속에서만 있는 일

어둠 속에서 혼불이 일어나 산비탈을 넘는 어린 기억의 저 편
튤립꽃망울 터뜨리는 오월의 햇살, 그 따가움을 맞으며
도청 앞 상무관에서 보았던 얼굴들은

그 일은 오로지 내 꿈속에서나 있는 일

즐비한
태극기에 감싸여
혼을 잡을 수도 버릴 수도 없는
애끓는 울음소리에

검게 타버린 심장들이 가슴에 대못을 치는 소리 그 소리 무섭게 들리는

그 일은 오로지 내 꿈속에서만 있는 일

홀로 지워내는 핏빛이거나 홀로 삼키는 눈물 같은 가위눌리는 죄의식에 살아남은 것조차 가슴을 후벼 파는

그 일은 오로지 내 꿈속에서나 있는 일.

밤, 발이 푹푹 빠지는

눈사람처럼 녹아내릴 것 같은
어젯밤의 고백이
차가운 진실이라고
헤리메스*의 혓바닥이
눈꽃으로 부활했었지

도화지 위
빨강 하트 색칠하며
내겐 남은 게 없어요 눈물 한 점도
오직 색연필 하나만 가지고 놀지요

그 밤
빈 술잔 같은 겨울을
누군가에게 편지를 쓰고
발이 푹푹 빠지던 밤, 이라고
생각하지

거짓말이
진실의 창문을 수없이 들락거리고
슬픔을 녹여내는 일

알고 있을까.

*그리스 신화, 도둑이 수호신

놈새밭 이야기

숭거논 것은 대파와 물외 뿐인디
싯방살이 아이들이 더 아우성이다
갈쿠손 휘휘 휘저으며 내 말 좀 들어 달라고
아무나 붙잡고 사정허는 부추
폴시게 패버린 빨건 분꽃 보담도
암시랑토 않게 멍울 트는 백일홍 한 무데기
지랄헌다고 일찌감치 임신한 노란 상추꽃,
보랏빛 케일은 은제 또 이사왔다냐?
바름바름 물주다 하늘 한 번 쳐다 본 게

오메! 울 엄니 볼우물 지어 웃고 지시네.

내 마음의 빗질

눈길을 쓰는 일은
나의 과거를 쓰는 일

누가 다녀가기 전
싹, 싹 빗기는 빗자루 소리가

꽃잎이 다녀간 소리였다가
낙엽이 구르는 소리였다가

쓸쓸한 시인이 남기고 간
서정시 같은 선물이어서

눈길을 쓰는 것은
내일의 내 마음을 쓰는 것이다.

기상

홀로 솟아난 게 아니다
빛이 맞물린 지점
반도의 뿌리 새로운 시작점에서
용두는 이 땅을 지킨다

검은 댕기해오라기, 검은 딱새, 검은턱할미새, 꼬꼬도요새
종부리도요새, 학도요새, 노랑머리솔새, 방울새, 북방개개
비, 북방찌르레기, 흰멧새, 붉은빰멧세, 붉은머리멧새, 산
솔새, 쇠개개비, 쇠물닭새, 진홍가슴새, 큰부리밀화부리
새, 큰회색머리아비, 흑비들기, 흰날개해오라기
모두 백의의 사람들

산다는 것은
이리 뜨겁게 날아오르는 것

끝이 아닌 시작에 서서 이 나라를 견인하여
세계로 가는 꿈을 심었다
칠천만의 가슴에 물보라를 선물하며

외롭다는 말보다
지키고 있다는 말이 더 어울리는

우리의 기상(氣象),

AI

눈물 속에는 AI가 살고 있어
순백으로 흐르는 민낯 같은

투명한 화면속의 호수 같이
지워지지 않은 차가운 빛이기도 하지만

누구를 사랑하는 것은
누군가의 눈물까지도 사랑해야 하는 일이라서

눈물의 기원을 생각해 보면
낯선 문장의 쉼표이기도 하지

아픈 흔적을 메우려고
구름은 달을 파먹고 산다고 했어

시린 발자국을 지우려고
오늘도 너의 곁으로 가고 있지만

내 눈물 속에도
수 억 년을 달려온 별빛같이

너 같은
인공지능이 살고 있었으면 좋겠어.

경포대* 녹차 꽃

바라보는 사람 없이도
허공 사이로는 무수한 영혼들이 살아가고

그 영혼 뒤로
멈출 줄 모르는 말들이
경사면으로 기운다

오래된 감나무를 보듬고
창공을 차고 오르는 덩굴나무의 휘어진 기개나

기어오르다, 기어오르다가
빨강 남생이로 환생한 어느 유배자의 적빈 또한
가문 세월에도 흔들리지 않았을

순백의 꽃잎 하나가
당신의 눈썹 위로 내려앉은 순간

당신이 던져준 고뇌의 여백을
은은한 다향(茶香)으로도 채울 수가 없었다

잎새 사이로
노을의 하강세가 시작되고
하얀 꽃 향이 비껴내는 동안

누군가의 곁으로 추락하고 있는 동안

차꽃
하나로도
이 가을은 얼마나 순백해지고 있는가.

*강진군 금릉 경포대

유언

고요보다 적막하다
마지막 걸음으로 영정 한 번 둘러보고

어느 곤(困)
우주를 향해 첫발을 놓았을까

잘 있으란 말 먼저
하늘 문을 열던

눈썹부터 시려오던 남겨진 눈동자

초가을 밤
저승 문을 여는 귀뚜라미 울음.

그 여름의 끝자락

몰래 훔쳐본 여인의 일기장엔
누구의 안부도 묻어있지 않은 여름이 걸어가고 있다

삽화 같은

울창한 해송 너머
해초 같은 노을이 붉게 일어서는 해거름

하얀 종탑을 향해 나비를 움켜쥐듯
두 손 모아 기도하는 당신이
투박한 옹이에 서정시 같은 녹차를 우려내는,

종이 울리고

마음의 심지를 돋우며
밀린 숙제처럼 시집 한 페이지를 넘기는 순간
'아, 이렇게 하늘이 빛나고 있구나!'
함성이 들리고

파도를 하얗게 들어 올리는
가을이 달려오고 있다.

인어 섬

살라키아*의 젖가슴이 바다를 흔들었는지 몰라

얼굴이 작은 별들이 쉬어 갔는지도

그 무엇의 비밀 때문에

들어설 수 없는 城이 되었을 거야

파도 혼자서는 인어들의 노래를 들을 수 없었을 테니까

뭍과 바다가 만나
바다와 여신이 만나
여신과 물고기가 만나

세상에서 가장 아름다운 하나의 섬을 지어 놓았을 거야

그것은, 어둠의 심연에서도 끝없이 빛나는
동화를 읽으라고

등대를 잃은 사람들에게 희망을 심어 준 거야

알잖아,
우린 가슴마다 하나씩의 별을 갖고 있잖아.

*그리스 신화에 나오는 바다의 여신

호수의 밤

물고기의 신혼 방이 되어버린 호수는
아늑하고 고요한 문장 같은 것이어서

혹시 아니

보름달이
퐁당 빠질 수도 있잖니.

憤水

물방울 하나를 가슴으로 안았다

선율처럼 휘어지는 물방울들
아스팔트 빗면을 포말로 흩어져
그의 목숨은 미래를 건넌다

광장 끝
작은 골목길에서
겨우
머리를 쳐들고
생각하고 있다
이것이 옳은 길인가
누가 누구에게 쫓겨
불알 떨어지게 내달리고 있는가
우리는

부처가 오셨다는 날의
광주 오월

그날 이후
얼어붙은 입과 귀가
열리지 못하고

스크린에서는
공수복과 엠원 소총과 공포의 헬리곱터가 사라지고
마지막
분수가 입을 기웠다

정확히 사십일 년 후에
에~에~
도리도리가
제2의 화려한 휴가를 준비하고 있다
그들은
도청 앞 분수대의 물줄기를 본 적이 없다
광장의 핏방울에 손을 씻어 보지도 않았다

그들은
온 몸으로
미래를 브래이킹한다

황금박쥐처럼
빛나는 날개짓을 꿈꾼다

사람들이 다시 광장으로 모이기 시작한다
분노로 가득 찬 물줄기 대신
방아쇠를 겨누던 공수대 대신
憤水가 噴水로 쏟아져 오르길 기도하며

그 사이 나는
예비군 훈련장을 졸업하고
민방위를 면제 받고,

오늘밤
폭죽이 터져오르고 있다
빛의 속도로 동영상이 되어 전송되고 있다

어딘가에 그 물방울이 살아 있어야 한다고
쿵쾅쿵쾅 광장을 울리며 뛰어 다녀야 한다고,

3부

태백을 넘어가는 일

온통 사선(死線)이다
손에 닿으면 지워지는
저 하얀 몸이 지니고 온 온도

너를 맞이하기 위해
팔순의 팔을 벌리고
온전히 뜨이지 않는 눈을 감는다

설국열차에 실려 온
날갯짓

후~후 불어 가며 올챙이국수를 넘긴 후
창틀 너머의 산그늘을 바라보면
낮게낮게, 굴뚝 연기가
너와지붕 위로 새어 나왔다

언 몸을 쓸고 가는
태백의 눈발

얼마나 깊은 그리움으로 더 쏟아져 내린 뒤라야

그칠 수 있을까

겨울의 태백을 넘어서지 않고서야
너에게로 닿을 수 없었던 일이
내 생에선 가끔 있는 일이었다.

요놈은

하느님과 박치기하는 괴물이어서
몽환의 첫 경험을 일기장에 감추고
그립다는 통속어를 빨랫줄에 매단 채
바람과 햇볕에 말리고 말리지

요놈은
분홍빛 노을을 바라보며
눈이 빨갛게 젖은 후에
빨래가 하얗게 가벼워진 후까지

불에 데인 흔적인 척
전생이 온통 슬픔인 척
다이아몬드인 척
감춰두었던 전번을 지우지

첫사랑
요놈은,

지하도 앞에는 겨울이 살고 있다

한 발로 걷는 생은 늘 역부족이어서

온기 없는 발바닥이 바닥을 떠난 후

아랫도리를 감싼 의족이 온기를 찾는다

홑옷 한 벌과 신문지 한 장의 미래

떨어뜨린 지폐 두어 장과

딸랑이는 동전 서너 닢이 음원의 기원

삶의 공간은 춥고

채우지 못한 허기가 밖으로 구른다

누군가 다가와 깡통을 깨운 후

머리 위로 하얀 눈이 내린다.

십년 전의 기억처럼

지워져 있는 문신과
쓰다가 버린 문장들

저물녘의 바다는 온통 그런 풍경이었다

어제의 시간을 기억해 보면
나는 늘 소라껍질처럼 비어 있었다

멀리 두고 가까이 보고 싶다는 고백도
노을의 분홍 입술과 그 그림자가 다녀간 후

홀로 파도소리에 파묻히다 보면

우리는 자주 헤어질 것 저물녘 섬 그늘을 배회할 것 슬픈 얼룩으로 서로의 과거를 지워낼 것 어제의 이야기를 나선형의 귓속에 촘촘히 필사할 것

여전히 적지 못하는 시구처럼

우리는 조개의 문양으로 이 자리에 서 있다

십년 전의 기억처럼,

첫눈 아틀리에*

종소리가 울려 퍼졌다

종소리를 그릇에 담아 교실에 넣어 두었다
이 카페는 영원할 거야,
소프라노 선율이 유리창에 매달렸다

눈이 내렸다 창문 밖에서 안으로,
산과 하늘의 경계를 허물고
까맣게 달려들었다
비명을 지르며 모두 뛰어 나갔다
신발은 그대로 남겨둔 채,

먼저 간 발자국이 길을 내고
또 다른 발자국이 길을 지웠다
사랑한다는 것은 누군가를 향해 걸어가는 일
흩어진 시간이 올 때까지 기다림이 너무 짧았다

숲에서 눈사람이 걸어 나왔다
사람들은 자신을 사랑했던 사람을 기억하며

추억처럼 눈덩이를 던졌다
누구나 사랑했던 사람이 있었다
거짓말처럼, 미워하는 사람은 없었다

커튼 사이로 조각별빛이 새어 들었다
나는 서둘러 잠옷을 벗고
첫눈은 천천히 속옷을 벗었다

첫눈을 위하여!

*화순 도곡에 자리한 첫눈 카페. 그곳에서는 매주 시 공부방이 열린다.

깊어진다는 건

먼저 달려 온 단풍이
시처럼 그 집을 지키고 있었지

여인은 레인코트를 걸어 나와
당나귀를 기르고 싶어 했어

강변을 따라
전당포 같은 무덤 하나

얼굴을 잊히려는 나를
몇 번씩 혼절케 했던 창문은

명징한 증명사진 한 장도 남겨두지 못하고

나는 소주 한 잔을 빌리려
자주 그 집 문턱을 넘었었어

어김없이 찾아오는 익숙한
약속 같은 첫눈이 내리는 날이면

누군가를 기다리는 네게
나는 무슨 말을 적어야 했을까

낙서가 끝나면 그리움도 차츰 깊어질 텐데,

벽

천 개의 계단 아래 서 있다

수 억 년의 밤을 달려온 숨결로
구름을 찢고 솟구친 천자산* 허리춤에
겨울을 살아갈 눈보라가 침몰하지는 않을는지
구름이 머무는 계단이 흔들리고 있었다

가부좌를 틀고 뒤돌아보면
여인들의 옷자락이 회전목마처럼 달려오고

긴 잠 속으로 빠져 든 달빛 한 그릇
휘도는 구름, 바람 한 점 까지
그림으로 만나던 억겁의 풍상들

계단을 구르다 날개가 부러진 검은 멍울들이
서로서로 안개를 끼얹고 껴안았을 때
공중 사다리에 머물며 매달렸을 때
운해로 번져가는 오르가즘의 결정(潔晶)은 시작되고

부서지며 결집했던 파편 같은 나의 삶도

평평한 길을 건너온 것들만이 아니었듯

한없이 부드러운 천국의 계단은

오르수록 흔들리는 가파른 벽이었다

*천자산 : 중국 장가계에 있는 산

이별의 법칙

언제 만났었나?

초원의 빛이 가슴을 살상하던

봄날이었나

장다리꽃이 노란

레인코트를 입고 완행열차에 오르던

그 날이었나

끝이 보이지 않는 터널 속

다른 색깔 같은 냄새

무슨 생각 하고 있어

매달린 채 너는 물었지

눈동자가 흔들린다는 걸 어떻게 알았니

누가 누구를 알아 볼 수 없는 밤

네 그림자가 보여

깜박이고 있는 점멸 신호 같아.

연애의 법칙

표정 없이

온 몸을 바쳐 벚나무 우듬지를 점령하고
간곡(懇曲)의 심상으로 노래했으니

어두운 그림자가 마지막 건반을 두드리듯
참았던 눈물을 쏟아내는 것인가

보이지 않고도 보이는
닫아도 열려 있는
살아내는 일이
눈물 같은 일이라고

땅거미는 잦아드는데
눈물 한 방울 보태지 못한 나는
무슨 노래를 불러야 하나

침묵 속에서
매미는 혼자서 울었을 뿐인데.

본능적 체질

1.
감 하나 뚝,
떨어졌다 비명도 없이

2.
봐봐,
난 투명인간이 될 수 있어
이렇게 벌거벗고 있잖니

말도 안 되는 소리를 한 후

어차피 잠들 수 없는 침실로 돌아와
피아노 뚜껑을 열고
'열정' 속으로 스며들었지

'딜라일라'가 더 좋아!

말을 해도
나는 없는 사람이거나
있어도 눈보라 같은 숨결 같아서

여든여덟 개의 손가락이 달빛을 보듬어 허공을 가르고

폭풍의 계단을 뛰어 다니며 오르가즘으로 온 몸이 하얗게 젖을 때까지

쉬지 않고 나는 생각을 하지

닿아도 보이지 않는
투명인간이 된 너

3.
뚝,
어둠을 밝히는 무성의 종(鐘)

가까운 사이

도야지 껍데기를 시켜 놓고
앉았다

주모가
추석이 내일 모레라고
아는 체를 해준다

한가위를 기다린다는 그녀도
백석을 좋아했다고
글짓기 대회에서 상도 탔다고 하여

아주 대단하십니다,

그녀는 내게 명절엔 모두 모이느냐고
Y대를 나온 자기 딸은
곶감 농장으로 출가해서
외손주를 다섯이나 안겨 주었다고

장허네요 애국자네여,

옆 테이블도 점점 보름달처럼 무르익어 가고
빙의(憑依)를 걸친 말들이 허공을 떠돈다
일어서고 싶은데
아직은 생각일 뿐

시와 가까운 사이라던
그 집의 술맛에 취하고 있다.

머물러도 되는 것들

쉴 수 있는 곳이라서 슴슴히 젖어 보는
(세월이란, 등뼈 굽은 해송 사이 해오라기를 바라보는 일)
해질녘 석양은 아무 일도 없었다는 듯
노을 속으로 행장을 차린 후
내가
머무는 곳에서는
세상은 늘 새로운 세계를 지목해 주었다

너울의 끝에는 섬들이 있고
태풍을 견뎌 낸 세월이 있다
낮고도 어두운 그림자를 바라보며
나는
갈색바다는 바라볼수록 아프다는 걸 알았다

천천히 물살을 가르고
이 세상에 단 하나 밖에 없는
나만의
길을 만든다

마음 속 깊이 머물러도 되는 것들을.

방랑은 세 시부터

멀리 등불이 보이는 것도 같고
금방이라도 환한 뭔가가 기다릴 것도 같은데
여기는 그림자가 없는 그늘
내 그림자를 찾고 싶어 걸어온 것만으로도
한 생은 족히 건너왔을 것만 같은데
그림자는 보일 듯 보일 듯 숨어 버리고
등불 아래 서기만 하면
불쑥 그림자가 나타나 헤헤 웃어줄 것만 같은데

묵묵히 다 떨어진 신발을 내려다보며
한숨을 내쉬기도 하다가 다시 바라보는 건너편
금방일 것도 같은데
어쩌면 다 와 있는지도 모르는데
나만 알지 못하는 것인지

지금은 새로 우는 세 시
뜨거운 것들이 울컥대는 어둠의 삼매경
저 어디쯤에서 시작되는
나의 시작(詩作).

밤눈

눈꽃열차가 자작나무 군락지를 지나는 동안
올챙이국수 위로 눈이 내리는 간이역

빈 자리 채우는 연인들
말랑말랑한 젊은 목소리가 유리창을 흔들고
키스의 파노라마가 속살거리고

한 사람이 생각나는 밤이었지

밤 열차는 속절없이 흘러
등불을 매단 폭설의 마을까지 이어졌지.

농장다리 넘는 달

가로등을 문 달빛이 쭈그리고 앉아 담뱃불을 붙인다

찬바람을 막아선 롱코트가
식어가는 봉투를 만지작거리며 중얼거린다

그날은 오늘보다 지독한 바람이었지 용접공의 실수로 용마루를 넘던 불길에 타다 남은 석가래와 하얗게 분리된 나는 가죽처럼 젖은 질긴 시간을 건너왔지

왜 그리 살고 싶었을까

목숨처럼 가스통까지 끌어안고,
그래, 용케도 견뎌왔구나

남겨둔 꽁초를 빈 갑에 구겨 넣고
사내가 휘적휘적 다리를 넘는다

달이 니일니일 따라 나선다

사랑은 사랑을 포기하지 않았음으로

*월
한 평의 방이 없던
청춘 대신 대가를 치루었던

*화
스카프를 두르고 떠났던 그녀처럼
보랏빛 발자국은 돌아오지 않고
날리는 등꽃처럼 사라진 것은 오직
향기의 기억

*수
막차에 오른 레인코트의 사내가
동굴 같은 침묵을 뱉어 내면서
죄수처럼 누워 있다
짧은 한 자리 수의 수인번호를 달고

*목
거짓과 진실의 헛발질이
한숨과 후회를 호명하는
거친 숨소리가 방안에 흥건하다

호명은 호명으로 남지 못하고
나는 나를 부리지 못하는 나날

*금
누가 누군가를 사랑한 적은 있었는지 일기장을 펼쳐보면
내 생의 죄목들이 수북하게 쌓인 먼지 속
일기장은 아직 여백을 지니고 있다

*토
어제가 아닐 수 있는
어제였어도 괜찮다고 말하는 가을 하늘
묵은 기억을 접어 종이배를 띄워 보낸다

사랑은 사랑을 포기하지 않았음으로.

운다고 옛사랑이 오리요마는

어디에서 들려오는
휘파람 소리일까
하얀 물보라
이미 지나쳐버린
뱀사골 성난 물살처럼
숨도 쉬지 않고
흘러갔던 것
땅바닥을 치며 울어 보아도
낮과 밤을 뒤척이며 헤어 보아도
떠났지만 떠나지 않은
그리움을 노래하는 일
부르다가 너에게서 멀어져 가는.

삼색 볼펜의 문장들
-법(法)

남자는 삼색 색깔로
자음과 모음을 길게 이어 간다

파란선 다음에 빨간 선이 따라 가고 빨간색 다음으로 검정색을 이어 놓은

우리의 생각이 다른 생각으로 이어지는 것이라면

얼굴을 올려놓고 법전을 걷어찬 후 떠오르는

진눈개비가 흘린 질척임이었다고 중얼거린다

(파란 호수 주홍 글씨 검은 색 연필로 유죄와 무죄의 벽 안에 스스로를 가둬버린)

배달 사고로
텅 빈 상자 같은 느낌

선명한 삼색창이
깨어지며 보이는 빗금을 바라본다.

4부

고모의 뜨락

삐걱거리며 나이가 든 대문 안에는
고모만큼 나이가 든 늙은 호박이
석양을 고요히 물들이고 있었다

멀리 떠나왔는데
처마 밑 제비집이 눈에 익는다
제비처럼 먼 나라로
날아가고 싶다던 고모

오래 전에
아주 오래 전에
성묘 다녀오던 길
땅벌에 쫓겨 온 일곱 살 조카 머리에
된장을 발라주며 함께 울어주던 고모

아버지 제삿날
오빠를 부르며 통곡하던 고모
올케의 슬픔을 대신해서
방바닥을 치며 울어주던 고모

모두가 떠나고
더부살이 고모*의
먼산바라기 한숨이 툇마루에 수북하다.

*어머니를 일찍 여읜 할머니의 조카, 우리 집에서 친 고모처럼 살다가 시집을 갔다.

서정시 같았던 날들

자정사이렌이 울리면
주인댁이 구시렁구시렁
두꺼비집 스위치를 내리던 자취시절이었다

달빛이 내려선 두레박 샘터에서
세수를 하다가 각혈을 했다
절망 같은 끈적한 비린내가
내 영혼을 송두리째 하수구로 밀어 넣고

(…)

이듬해
파스, 아이나, 스트렙토마이신을 입에 달고
어두운 요양병원을 빠져나와 귀향길에 올랐다

(의사는, 술과 담배 특히 여자를 조심하라며 웃지도 않았다)

어느새 겨울이었다
산과 바다와 굴뚝까지 얼어붙어

온기가 사라진 시간만큼
시린 날들의 연속

셰익스피어를 펼쳐 놓고
비릿한 흔적을 지워 가며

생각하지 말아야 할 것과
생각해야 할 것들로 더욱 깊어져

무언가를 사랑해서

거기에 대고 서정시 같은 구절을 쓰고 싶은 날이었다.

환승역을 놓치고

어둡고 구겨진 것들은 배경이 있다

달그림자 깃든 석촌호수와
늦가을처럼 외롭던 포장마차 불빛,

그 풍경들이 나의 피붙이 같아서
환승역을 놓치고 종점에서 내렸다

기우뚱거리는 취기가
자정의 벼랑 끝에 매달려 달방으로 향하지만

종착역이 시발역이 될 때까지
가진 거라곤 불알 두 쪽 뿐

내 삶은 늘
울컥 치밀어 오르는 그 무엇이었다가
아둔하고 어리숙한 그 무엇이었다가
어둠과 동거하는 방랑자 같은 그 무엇이었다가

구겨진 바바리를 벤치에 누이고
나의 시를 나에게 쓰는 순간

가장 빛나는 어둠으로 깨어나고 싶었다.

리필(refill)

술병을 기울이는 몇몇이 듬성듬성 앉아
목소리만 파도처럼 테이블을 건너간다

절망들이 찾아와 오종거리는 식탁
바다를 건너온 청새치가 상 위로 올라온다

여전히 날렵한 몸매는 심해로 떠날 듯 평온한데
내 허기는 미늘이 되어 공복을 꿴다

발라진 절망들 뒤로 리필되는 얼굴들
너무 부드러워 녹아내릴 것 같다

캄차카 심해에서 올라 온 눈으로 나를 바라보는 청새치
그 깊고 어두운 동굴 같은 눈

몸의 기억
커튼을 걷어 올리듯 절망을 걷어 올린다

기억이 또렷해질수록 술잔은 허기져 있다
여기, 리필이요

등 푸른 내일이 숨차게 올라온다.

그해, 석구미

법성포 지나 해안도로 돌아가니 올망졸망 섬들이 앉아 있다 해풍을 맞은 노을은 오불고불 밑자란 소나무 위에 피정 중이다 개털모자 둘러쓰고 이곳으로 피난 왔던 아버지 소나무 밑에 엎드린 채 고개를 숙이셨다지 칠산바다 북풍을 피해 숨어 든 단애(斷崖) 아래 자리한 초가집 너댓 채 해당화를 핏빛으로 피워냈다지

파도에 깎이고 패어져 거북등이 된 바위
석구미(石龜尾)
어둠이 바위를 지우면 별이 깔린다
나는 허름한 탁사에 백합회와 토종 술을 놓고
문장 하나 되지 못한 그리움으로 취하고 있다
밤바다에 토해놓은 묵혀둔 말들
아버지는 끊어진 문장으로 파도치고
산다는 것이 끊임없이 밀려드는 파도 같은 것이어서
한 생을 지나온 바다가 먹먹해진다
어둠을 깎고 깎았던 새벽이 햇살을 물들인다.

비명(非命)

축축한 땅거미를 바라다봐요

바람이 눕는 길 위로 눈이 쌓이고

굴비를 굽는 날은 당신의 빈자리를 마련해 두어요

슬픔을 꺼내들고 조각해 보면

눈물은 유리 파편처럼 무늬을 남기고

석구미*에서 마지막 노을을 빚었을 당신은

갈 수 없는 고향바다를 바라보며

미늘에 찔려 파닥이는 생선처럼

칭얼대는 나를 유괴했지요

지우는 것과 기억하는 일이

생성되고 소멸되는 별처럼

기다려도 돌아올 수 없었다고

소리 없는 비명(悲鳴)으로 들려오고 있어요.

*아버지의 마지막 피난 처

감정이입

한 무리 갈 가마귀 떼같이
쌓아둔 시간을 송두리째 뒤엎고 있습니다

세상의 길은 온통 닫혀있고
세상의 창들은 굳게 잠겨있어
강물은 한동안 아무것도 눈에 담지 않았습니다

그것들은 희었다가
거칠게 불타는 황톳빛이어서
검은 밤을 하얗게 지새야 합니다

구름이 이우는 한 곳으로
사람들이 달려가야 하는 연유도
슬픔을 담아낼 호수가 없기 때문입니다

어제보다 작아진 빗소리에
어머니는 당신의 들판에 몸을 풀고
사라지는 풍경의 행선지를 물을 때
강은 고요함 속에 반짝이는 윤슬이었기 때문입니다.

눈발

시 쓰기에 아직 서툴렀다

소주 한 잔 시켜 놓고 탁자에 찰싹 붙어 있다
누군가가 있으리라고 상상을 못했는데
노을 때문인지 후배가 먼저 와서 젖어 있다

불판이 교체되면 빈 잔을 위해 술 한 병 더 시키고
고등어 익어가는 소리를 돌고래가
헤엄치는 것이라고 억지를 보탠다
익힌 것을 뒤집으면
쉭 쉭 돌고래 숨소리가 들리는 듯 하였다

시를 빚으려면 시발이 서야 돼,

시라는 불판 위에 밤바다를 오려 구우려는데

성님,
아무래도 눈발이 설 것 같은 밤이요.

생존의 법칙

태풍이 지날 때까지
버텨야 산다고

꼭꼭 움켜 쥔
까슬까슬한 줄기 손

어머니 손 닮았다

어릴 적,
오이서리를 했었다

형들 꼬임이라고
거짓말을 섞었다

-용꼬리는 되지 마
뱀 대가리가 되더라도,

종아리에는 아직
아픈 글자가 살고 있다

잘못을 저질러도

종아리를 쳐줄 사람이 없어

가끔 스스로를 때린다.

이사

등나무가 있는 집으로
첫 이사를 하였다

하숙치는 어머니의 손끝에서
여러 해 동안 등꽃이 피어났다

마른 줄기에 꽃을 피우는 일이
만만한 일이 아니어서
나의 이정표는 늘 등이 휜 방향으로
휘어져 가곤 하였다

도시는 시든 등꽃처럼 젖어들고
텅 빈 줄기처럼 꼬여만 갔다

밤이면 종종 황금동에 나가
화사한 밤안개에 젖기도 하면서
팔딱이는 심신을 건사하지 못해
비원에 입적하여 다람쥐와 놀았다
산사의 창문을 촛불로 밝히고
산사의 밤하늘은 별들로 가득하고

스무 번도 넘게 집주소를 옮기는 동안
오늘은 또 한 번의 이사를 준비한다

소박한 나만의 시집(詩集)같기를 바라며.

코피

코피를 닦아주며
어머니는
혼잣말을 찌푸렸다

아부지는 쌈 한 번 안했는디
마을어른들도 니 아비 말을 잘 따랐는디
똑똑허고 조신허고 어른들 공경하고

동네 형들에게
닭서리를 선동했을 때

달이 기울도록
장딴지 대신
회초리가 피를 흘린 후에

니 아부지 산소에 갔다 와야것다
니가 떡애기 때여서
얼굴도 모르고 컸지만
니 아부지는 아부진게
애비 없는 호로 자석은 안 맹그러야제

그날 이후
닭서리 같은 난장질에는 걸음하지 않았다

모시낳이로 지어주신
윗도리에
다시는 코피를 묻히지 않았다.

저녁달

손자 손 꼬옥 잡은 할머니가
길 가상이로 자꾸만 기운다
은목서 푸른 가지 사이로
바람이 휘어 지나는 초저녁

할머니 손 꽉 잡은 아이를 보고
앞 못 보는 아이를 보고
길눈 훤히 밝히려고
둥그렇게 떠오르는

저녁달

금싸라기

어머니의 치마폭을
종종종 따라 다녔다
가끔씩 내가 나서 보았지만
낯가림이 심했다

눈보라 치던 날
불한당패거리가
금싸라기들을
훔쳐가 버렸다*

눈보라가 그쳤지만
먼 바다 파도 소리만 시려왔다

발자국 소리도 들리지 않는
무서운 밤이 다시 시작되고

금싸라기를 잃은 어머니의 한숨 소리가
문지방을 넘고 있었다.

*닭을 도둑맞은 내 유년의 기억

낙조

누가 머물다 간 자리일까
잊으라는 것은 나를 기억해 달라는 역설
아버지의 그림자가 걸려있는 언덕이어서 일까
어머니의 솜씨로 칠한 노을의 빛깔이

붉다.

옹이를 빼는 저녁이 온다

눈길이 아스팔트를 젖어있게 한다
롱코트를 걸친 중년들 같다
빌딩들은
추레한 취기가
심장부근을 매만지고 앉아 있다
소줏잔까지 마시는 게 아니었다고
혼잣말로 중얼거리는 중이다
저녁은 주로 후회를 한다
옹이를 빼는 저녁이 온다

누군가 지나간 빙판길을 걷다가
넘어지기도 해야 한다
넘어져 혼절할 수도 있는 그는
그 안의 그를 빼내기 위하여
저녁을 택하기로 하였다

백년을 넘도록 기다려야 하는 일이
이즈음의 생이 되었다

옹이를 빼내는 저녁이 온다.

길 위의 길

1.
가까이 있는 사람이 먼 길을 떠났다

그 길은

군홧발에 짓밟히고 탱크에 짓이겨진 후

사십 년

빼꾹빼꾹 빼꾸기가 울던 길

2,
적십자 병원 건너

낙오된 공수대원 하나

지옥을 경험한 우리는
그들이 저승사자라는 걸 알았음으로
돌팔매질이 시작되고

천변에 너부러진 어린 병사

-죽이지는 말아요 아직 어리잖아요 우리 아들들이잖아요
살인자는 전두환, 그 악마니까요

목청껏 외치는 소리에
촉촉해진 속눈썹의 애띤 병사
들것에 실려가던
천변길

3
콩나물 시루처럼 엎어졌다
버스와 무개차가 충돌한 광주역전
데모대원이 우루루 쏟아져 나오고
그 중 몇이 바퀴 밑에 깔렸다
하나 둘 셋
우리 모두 엎어진 무개차를 일으켜 세웠다
절뚝이며 데모대로 달려가던
3학년 5반 반장이었던 신수호*

4,

이런 시발,
불을 뿜는 M16
방금 전까지 개들은 미동도 없었는데
아슬아슬하게 쇠 곤봉을 피할 수는 있었는데
씹새키,
총구멍이라니!
어떤 시발 놈이 총질을 시킨거여?
뛰고 또 뛰었다
산자들이 스러져 가는 피의 아스팔트

5,

코 큰 CBS기자를 자전거에 싣고
시신들을 헤아리고
마지막 찾은 상무관
태극기로 가릴 수 없는 관! 관! 관들

아비 관을 지키는 대여섯 살 어린 아들의 깊은 눈망울이
아들 관을 안고 오열하는 어미의 통곡이,

나는,
도망치지도 못했다
죽지도 못했다

길 위의 길, 어디에도
3학년 1반 문병식의 그림자는 없었다

*수호는 그 당시 전남대 3학년 단과회장이었다.
광주 인성고에 다녔던 나의 제자였다.

말이시*

사계평**에서의
노을 추수가 한창이었다

올 가실 곡식들은 모다 풍년이어라우
파물 고추 챙기며 흘리던 처형의 말이다

이것저것 챙기던 아내는
끙끙, 욕심을 트렁크에 가득 채웠다

햅쌀 한 가마니 실어 놨소
툭툭 먼지를 털며 처형이 또 말했다

집에 도착하자
3층 계단을 오르내리며 수확물들을 옮긴다
이마에 땀도 흐르고 허리도 뻐근했다

손주 밥맛이 없다해서 햅쌀은 딸네한테 가져가라 했어요
잘했어, 나는 입맛이 아직 펄펄 살아 있으니께

좀체 하지 않던 전화를 처형이 걸어왔다

호박은 생선에 지져 먹었냐
다마내기는 사나흘 볕을 봐야 하는디
고구마는 바람만 쐬어 시원하게 둬야지
쬐끔만 추워도 썩어버려야
맨 나중으로 건너온 말이 오늘의 핵심이었다
근디 말이제, 거 쌀 가마니 말이시

딸네 줄라고 여직 트렁크에 있어
왜, 언니?

긍께, 고것이 참깨 가마니란 말이시.

*말잇~말이야의 전라도 방언
**영광군 군남면 소재의 곡창

일없이

밤하늘을 쳐다보며
카톡을 뒤져요

일 없이

시간이 흐르고 있나요
시간을 붙들기 위해 잊혀진 사람을 기억해야 하나요

탁구공은 둥글지요
지구는 둥글지요
태양은요? 한 번도 만져보지 못했잖아요

스트록을 치고 드라이브를 걸고
2.7그램의 우주에 혼신을 다해도
내 공은 절벽에 부딪치고
네 공이 엣지(edge)에 스핀을 먹고

그런데,
지구가 움직인 걸 보았나요
게임의 룰은 살아 움직이는 시간표래요

시간표에 시간을 메어 놓고
카톡을 보내요

자꾸만.

|해설|

憂愁와 관조, 우주의 시간표 위로 발설하는 시들의 음성

정윤천 (시인)

|해설|

憂愁와 관조, 우주의 시간표 위로 발설하는 시들의 음성

-김진태 시집 『오로지 내 꿈속에서만 있는 일』

정 윤 천
(시인)

1.

짧지 않은 세월 동안 애를 들여 써 모은 수 백 편의 시들을 작은 부주의로 완벽하게 망실하고 나서, 그 사이로 세간의 나이인들 적지 않아져 버린 한 시인의 폐허는 상실의 검은 가슴을 부여잡고 그러나 어디론가 다시 초행과도 같은 요철의 길을 나아간다.

김진태 시인의 신작시집 『오로지 내 꿈속에서만 있는 일』에 숨어있는 그의 시의 배후이자 배면에 깔린 사연이다. 그 배후의 지경에서 발화되었거나 기인되어졌을 것도 같은 한 편의 작품을 초입에서 열어보는 것으로부터 그가 지닌 시행들 특유의 우수와 관조의 세계를 살펴보기로 한다.

밤하늘을 쳐다보며
카톡을 뒤져요

일 없이

시간이 흐르고 있나요
시간을 붙들기 위해 잊혀진 사람을 기억해야 하나요

탁구공은 둥글지요
지구는 둥글지요
태양은요? 한 번도 만져보지 못했잖아요

스트록을 치고 드라이브를 걸고
2.7그램의 우주에 혼신을 다해도
내 공은 절벽에 부딪치고
네 공이 엣지(edge)에 스핀을 먹고

그런데,
지구가 움직인 걸 보았나요
게임의 룰은 살아 움직이는 시간표래요

시간표에 시간을 메어 놓고
카톡을 보내요

자꾸만.

-「일없이」 전문

이 시에 드러난 "일없이"의 일없음은 한 동안 마치 아무 일도 없었다는 의지로 그를 지탱했을 일없던 일의 허무이자 각고의 시간으로 불려나와 있음을 짐작하게 하고 있다. 어떤 커다란 망실의 저간 뒤에서 일없이 카톡을 뒤져본 사람들끼리는, 그 허무와 망실의 폐허를 미루어 참작할 수 있을지도 모른다.

우주에게로 말을 건네듯이 혼신의 힘으로 드라이브를 걸어도, 그의 공은, "내 공은 절벽에 부딪치고/ 네 공이 엣지(edge)에 스핀을 먹고" 그러다가 결국 "지구가 움직이는 걸 보았나요"와도 같은 허구의 질문 양식을 입 밖으로 꺼내어 보이지만, 현실의 "시간표"에게는 엄정하게 존재하는 "게임의 룰"이 살아 움직이고 있음을 자각해야만 하였던 것이었다. 무릇, 그것은 한 시인이 망실한 그의 시편들에게로 뿐 이었으랴. 그것은 누구인들 한 번도 만져본 일이라곤 없는 "태양"의 질서 아래에서의, 인간사의 온갖 비롯됨과 저물고 쓰러지고 다시 일어남의 비의들을 반추하게 하는 중요한 진술의 지점은 아니었을까.

그의 시들은 그렇게, 남다른 우수(憂愁)와 관조의 세계관을 지니며 우주의 시간표까지로 발설을 시도하려는 시들의 육성을 천착하며 있었다.

> 비 오는 정원에 물을 뿌리고 싶습니다
> 약속은 자기에게만 하는 말이라고
> 그런 이유로 내가 당신을 몰랐다는 게 맞습니다

하얀 구근에서 빨강 꽃망울을 터트린다는 거
창문을 닫아도 달콤한 향기가 건너온다는 거

지키지 못하는 약속은 약속이 아니듯이
약속 밖의 약속은 곁이라는 외간을 방황하지요

곁이라는 어색함
곁이라는 아집
곁이라는 소외감

그리고
하얀 구름, 하얀 윤슬, 하얀 파도를 그리며
해안가 작은 꽃밭에서 당신을 떠올려 보았지요

기다림도 이제 먼 곳으로 떠나보냈는데
멀리 두고도 가까이 보는 마음이
꽃구름처럼 일어나서,

비 오는데 물도 뿌리면서 말입니다.

-「아마릴리스」 전문

이 시는 몇 가지의 꽃말을 간직한 "아마릴리스"라는 수선화과의 화초에게로 기댄 시인의 내면으로 점철된 작품이다. "비 오는 날의 정원에 물을 뿌리고 싶습니다"를 들여다보면, 화자의 심연 상태를 어느 정도 짐작할 수 있을 것 같다. "지키지 못한 약속은 약속이 아니라는" 주지의 내용에서는, 자신이 지키지 못했던 약속이었는지, 아니라면 상대가 지키지 않았던 어떤 약속에의 파경이 자리 잡고 있는 듯이 보인다. 그렇게 지키지 못했거나 지키지 않았던 약속은 안이 아니라 "겉"이라는 특정된 바라봄을 낳게 하였고, "겉이라는 어색함/ 겉이라는 아집/ 겉이라는 소외감"을 화자에게로 안기고 있었다. "하얀 구름, 하얀 윤슬, 하얀 파도"와도 같았던 약속의 대상을 먼 곳으로 떠나보낸 어느 날이거나 지점에서, 혹은 "아마릴리스"라는 꽃 화분이었거나 꽃말들이 상기되었던 순식간에, 김진태 시인 자신의 천성이 발동되었던 '관조'와 '우수'의 시 한 편은 발치에 와서 꽃을 피웠던 것만 같았다. 비가 내리는 날에도 불구하고 거기에 "물도 뿌리면서" 말이다.

이 시는 한 편으로 김진태 시인의 시행들의 도처에서 발견되는 연시 풍 상상력의 한 변주로도 읽을 수 있을 것 같다.

> 푹푹
> 쌓이는 함박눈과 노닥거리기 좋은 시간
>
> 씨앙씨앙
> 바람을 들쳐 업고 주막 찾는 일 즐겁지
>
> 예그리나*
> 빈대떡에 청주 한 사발 멋스럽게 마시다 보면
>
> 불그레한 취기가 찾아오고

가끔

눈 꼬리 찔끔거릴 사연 들춰가며

딱,

한 잔만

더,

네게 살짝 휘어질 정도로만.

-「딱」 전문

군더더기를 찾아볼 수 없는 일사일언의 절묘한 순간이 여기에 있다. 시인에게 있어 축복의 시간이자 시에게서의 은혜의 순식간이다. 김진태 시인의 시가 구가하는 낭만적 리얼리즘은 그가 바라보거나 익혀왔던 순간과 풍경들의 해체의 순간에서 비롯된다. 그것은 이런 뜻이다. 풍경과 순간은 해체되었음에도 시구들은 긴축되거나 긴장하는 외형을 성립하는 것이다 그것이 모여 "딱"을 이룬다. 살면서 우리들에게 바로 저런 "딱"의 순간이 얼마나 찾아 왔을까. 더도 말고 덜도 말고 "네게 살짝 휘어질 정도로만" 말이다.

"사랑하는 우리 사이"라는 의미를 간직한 "예그리나"와 함께 어엿한 의태를 간직한 "씨앙씨앙"의 차용은, 이즈음의 시들에서 너무 흔하게 범람하는 국적불명의 외래어들을 단숨에 제압하는 아름다운 시적 순간을 제시하여 주고 있기도 한다.

2.

김진태 시인의 시 세계가 간직한 몇 개의 갈래 중의 하나는, 우수와 관조의 체계 인근에서 출몰하는 단정과 낭만을 거론할 수 있을 것 같다. 다른 시인들의 시에서도 저마다의 시행에 은유의 옷을 입히거나 변주의 발화 지점은 메시지의 확대 재생산에서 찾아볼 수 있을 것 같다. 그렇게 시의 언어는 함축을 통한 선명도에서 그 성패가 좌우 된다고 할 수 있을 것이다. 무릇 모든 시는 가장 짧은 언어로 더 많은 인상과 의미를 내포하며 그것을 세계의 바깥으로 내 비치는 작업이었다.

집을 떠나온 것은
입동 무렵이었다

간이역을 떠나는 밤기차의 불빛을
왜 죽음이라고 생각했을까

이 도시에서는
불빛이 사라진 지 오래였다

환승을 하며
잠 들 수 있는 곳을 찾는다

종점일지도 모를 도시에는
내가 아닌 내가 질식의 밤에 유기된 체였다

취하지 않는 사랑은 사랑이 아니라고
취객은 나에게 화를 낸다

이건 삶도 아니야
인생이란 말이야 개ㅈ도 아니더라구!

페이스 북이 내 나체를 스크린샷 한 후
친구 할까요 묻는다

수락!
가을이 강을 건너고 있다.

-「가을이 강을 건너는 동안」 전문

김진태 시인의 시에서 드러나는 낭만의 한 지경이다. "간이역을 떠나는 밤기차의 불빛을/ 왜 죽음이라고 생각했을까" 누구도 잘하지 않는 생각을 김진태 시인은 왜 했을까? 그것은 당연히 그가 시인이었기에 하게 된 생각이었고 찾아온 바라봄이었으리라.

그림을 그리는 화가들이 가을이면 빨간 도리구찌(?)를 어엿하게 머리 위에 얹히고, 빨간 목도리를 무릎까지 늘어뜨리고, 약간은 폼이 나기도 하는 화구를 한 손에 챙겨들고 유랑자처럼 길을 나서듯이 시인 김진태에게도 항상 자기 모습의 시인으로서의 낭만과 자세가 그의 뒤를 따라 붙는다.

그런 그에게로 "취하지 않는 사랑은 사랑이 아니라고" 그마저도 이미 낭만적으로 순화되거나 고조되고 있어 보인다. 그런 그의 바라봄 앞으로 눈매와 발목이 풀린 "취객"이 말을 걸기도 한다. "인생이란 말이야 개ㅈ도 아니더라구!" 이것은 취객의 입을 빌어 뱉어낸 시인 자신의 발언이었다. 대저 낭만이 없어 보이는 "밤기차" 따위는 김진태 시인에겐 미리서 "개ㅈ" 도 아닌, 삶도 아니고 시도 아닌 일상이었을 뿐이다.

한편으로 시인은 밤기차를 타고 가면서 열어보는 "페이스 북"에게로 말갛게 벗은 자신을 건네 보이다가 그래도 어디에선가 자신을 알아보는, 혹은 밤기차에 함께 동승했을지도 모르는 낭만적 대상을 향하여 "친구"를 수락하고 나서야, 그의 가을의 여행은 시작되었던 것이다.

때로는 김진태 시인이야말로 자신의 가을 여행이 "죽음"보다 멀거나 아름답기를 꿈꾸면서 이루어지는 행위인 것이다. 그렇게 김진태 시인은 외롭고 고단한 낭만자였던 셈이다.

새벽 산책길
들국화 곁에
버린 냉장고 홀로 누워있다

위층 아래층
굳게 입 다물고.

-「독거」 전문

김진태 시인의 시풍이 지향하는 또 하나의 '단정'의 세계이다. 소용이 다하여 버려진 폐품을 통해 그는 인간의 "독거"를 동일한 선상에서 매듭지어 보였거나 구축하여 보이고 있다. 버려진 냉장고는 입도 귀도 닫은 인간의 고독-독거를 반추하는 중이다.

언어적 예술로서 시의 자리는 세계의 풍상과 그 바라봄을 통하여 끌어들인 인간의 풍경에서 재생산되는 승화의 장면에 있었을 것이다. 그렇게 모든 시는 인간의 이야기에 다름 아닐 것이기도 하였다.

> 해질녘 종소리 아득하게 울리는
> 저녁을 품은 노을녘에
> 황새 한 마리
> 그 풍경을 바라보는
>
> 그 일은 오로지 내 꿈속에서만 있는 일
>
> 어둠 속에서 혼불이 일어나 산비탈을 넘는 어린 기억의 저 편
> 튤립꽃망울 터뜨리는 오월의 햇살, 그 따가움을 맞으며
> 도청 앞 상무관에서 보았던 얼굴들은
>
> 그 일은 오로지 내 꿈속에서나 있는 일
>
> 즐비한
> 태극기에 감싸여
> 혼을 잡을 수도 버릴 수도 없는
> 애끓는 울음소리에

검게 타버린 심장들이 가슴에 대못을 치는 소리 그 소리 무섭게 들리는

그 일은 오로지 내 꿈속에서만 있는 일

홀로 지워내는 핏빛이거나 홀로 삼키는 눈물 같은 가위눌리는 죄의식에 살아남은 것조차 가슴을 후벼 파는

그 일은 오로지 내 꿈속에서나 있는 일.

-「그 일은 오로지 내 꿈속에서만 있는 일」 전문

시집의 표제시이다. 그가 추구하는 시 세계의 연장선상에서 이 시는 대단히 중요한 위치를 점유하고 있어 보인다. 위에서 한 차례 거론하였던, 시가 결국은 인간의 이야기라는 범주에서 살펴 보아도, 시는 그예 역사인식의 산물이라는 점 역시 간과할 수 없는 시인의 부채의식이었음을 밝혀주는 자리에 이 시는 놓여있다. 그리하여 마침내 시인에게 있어서의 그 일은 "꿈속"에서나 있을 법한 그러나 현실의 일이었다.

즐비한
태극기에 감싸여
혼을 잡을 수도 버릴 수도 없는
애끓는 울음소리에

검게 타버린 심장들이 가슴에 대못을 치는 소리 그 소리 무섭게 들리는

그 일은 오로지 내 꿈속에서만 있는 일

홀로 지워내는 핏빛이거나 홀로 삼키는 눈물 같은 가위
눌리는 죄의식에 살아남은 것조차 가슴을 후벼 파는

그 일은 오로지 내 꿈속에서나 있는 일.

그런데, 참으로 역설적이게도, 그 꿈속에서나 있을 것만 같은 미증유의 참상을 "해질녘 종소리 아득하게 울리는/ 저녁을 품은 노을녘에/ 황새 한 마리/ 그 풍경을 바라보는" 대비적인 장면을 빌어 와, 그렇게는 참상의 참상을 더욱 심화시켜주는 장면으로 김진태 시의 위력을 더하고 있었던 점에서도 눈길을 쏟게 하여 주었다.

3

거칠게나마 살펴본 김진태 시인의 시 세계는 위에서 거론된 우수와 관조를 밑그림 삼아 인간지심의 근본이자 귀의이기도 하였을 사랑과 연민, 한 걸음 더 나아가 자아성찰의 세계를 그려 보이는 중이었다. 그의 시세계의 남아있는 여백과 미답의 기척까지를 헤아려보는 것으로 이 장(章)을 마감해 보려고 한다.

온통 사선(死線)이다
손에 닿으면 지워지는
저 하얀 몸이 지니고 온 온도

너를 맞이하기 위해
팔순의 팔을 벌리고
온전히 뜨이지 않는 눈을 감는다

설국열차에 실려 온
날갯짓

후~후 불어가며 올챙이국수를 넘긴 후
창틀 너머의 산그늘을 바라보면
낮게낮게, 굴뚝 연기가
너와지붕 위로 새어 나왔다

언 몸을 쓸고 가는
태백의 눈발

얼마나 깊은 그리움으로 더 쏟아져 내린 뒤라야
그칠 수 있을까

겨울의 태백을 넘어서지 않고서야
너에게로 닿을 수 없었던 일이
내 생에선 가끔 있는 일이었다.

-「태백을 넘어가는 일」 전문

"팔순" 노장의 사유 너머로는 "얼마나 깊은 그리움으로 더 쏟아져 내린 뒤라야/ 그칠 수 있을까"라는 생의 연민과 회오의 그림자가 얇게나마 드리워져 있음을 엿볼 수 있다. 그는 어느 날의 "태백의 눈발" 속에서 "후~

후 불어가며 올챙이국수를 넘긴 후/ 창틀 너머의 산그늘을 바라보면/ 낮게낮게, 굴뚝 연기가/ 너와지붕 위로" 새어 나오는 감상적인 감정의 시간을 바라본다. 무엇이었을까. 겨울의 태백을 넘어가는 시인의 생의 여로는, 그것은 "겨울의 태백을 넘어서지 않고서야/ 너에게로 닿을 수 없었던 일이/ 내 생에선 가끔 있는 일" 이었다는 각성의 순간으로 재생산 되어져 있다. 그러므로 그에게도 '사즉생 생즉사'의 자신의 생 앞으로 닥쳐오고 지나간 "태백을 넘어가는 일"들은 수없는 눈발처럼 지나쳐 갔음을 역설하며 있어 보인다. 맞춤한 깨달음의 시 한 편이 바로 여기에 놓여 있었음이리라.

하느님과 박치기하는 괴물이어서
몽환의 첫 경험을 일기장에 감추고
그립다는 통속어를 빨랫줄에 매단 채
바람과 햇볕에 말리고 말리지

요놈은
분홍빛 노을을 바라보며
눈이 빨갛게 젖은 후에
빨래가 하얗게 가벼워진 후까지

불에 데인 흔적인 척
전생이 온통 슬픔인 척
다이아몬드인 척
감춰두었던 전번을 지우지

첫사랑
요놈은,

-「요놈은」 전문

요놈을 읽다가 보면 저절로 입가에 웃음기가 번진다. 요놈은 그렇게 시인의 "첫사랑"이다. "하느님과 박치기 하는 괴물"인 요놈은, "불에 데인 흔적인 척/ 전생이 온통 슬픔인 척/ 다이아몬드인 척/ 감춰두었던 전번을 지우"게 하는 존재였던 것이다. "눈이 빨갛게 젖은 후에/ 빨래가 하얗게 가벼워진 후까지" 말이다. 김진태 시인의 시행들 여러 곳에서 발견되는 사랑과 연민과 회오의 장면이었다.

그렇다면 김진태 시인의 장점과 특색은 어느 정도 밝혀진 것으로도 볼 수 있을 것이다. 한편으로 되물어 보아야 할 그의 시가 내재한 약점과 극복의 의지는 어디에서부터 발현되어져야 할 "괴물"과도 같은 것이었을까. 그것은 이미 그의 시의 특색이자 장점으로 유추한 바 있었던 낭만과 우수의 과도한 설계에서 일차적으로 비롯되고 있음을 꼽을 수 있을 것 같다.

이는 장점이 약점으로도 부각되어지는 미묘한 지점이기도 하였다. 쉽게 풀어서 말하면 향후에도 영위되어져 나갈 그의 시의 지향은, 이제껏 행해왔던 "관조"의 세계를 걸어 나가 시 문장의 현대성 구축이라든지 표현 양식의 변화와 실험적 진술이자 묘사의 세계에도 공을 들여야 하리라는 제언이다. 세간의 나이와는 무관하게 시를 통한 창조의 세계에서 궁구되어져야 할 도전의 의식은 백 번 강조해도 부족하지 않을 덕목이기도 하였다.

> 시 쓰기에 아직 서툴렀다
>
> 소주 한 잔 시켜 놓고 탁자에 찰싹 붙어 있다
> 누군가가 있으리라고 상상을 못했는데
> 노을 때문인지 후배가 먼저 와서 젖어 있다
>
> 불판이 교체되면 빈 잔을 위해 술 한 병 더 시키고
> 고등어 익어가는 소리를 돌고래가
> 헤엄치는 것이라고 억지를 보탠다
> 익힌 것을 뒤집으면
> 쉭 쉭 돌고래 숨소리가 들리는 듯 하였다
>
> 시를 빚으려면 시발이 서야 돼,
>
> 시라는 불판 위에 밤바다를 오려 구우려는데
>
> 성님,
> 아무래도 눈발이 설 것 같은 밤이요.
>
> -「눈발」 전문

김진태 시의 출구가 보이는 지점이 어쩌면 여기에 있었다. 그것은 이제까지의 인용 시들이 보여준 가지런하고 편안한 진술의 체계에서, 한편으로 이 시는 한 걸음

밖으로 나와 약진하고 있어 보인다. “노을 때문에 후배가 먼저 와서 젖어” 있었으며 “고등어가 익어가는 소리를 돌고래 헤엄치는 것”이라는 억지“도 그렇거니와 ”시를 빚으려면 시발이 서야“된다는 그에게로 ”성님,/ 아무래도 눈발이 설 것 같은 밤이요.“ 로의 뚱딴지같은 전개의 방식은 독자로 하여금 이상한 즐거움과 함께 속도감을 전달하여 주었다. 그의 시가 헤치고 나아가야 할 한 줄기의 새로움일 수도 있었던 셈이다.

자정사이렌이 울리면
주인댁이 구시렁구시렁
두꺼비집 스위치를 내리던 자취시절이었다

달빛이 내려선 두레박 샘터에서
세수를 하다가 각혈을 했다
절망 같은 끈적한 비린내가
내 영혼을 송두리째 하수구로 밀어 넣고

(…)

이듬해
파스, 아이나, 스트렙토마이신을 입에 달고
어두운 요양병원을 빠져나와 귀향길에 올랐다

(의사는, 술과 담배 특히 여자를 조심하라며 웃지도 않았다)

어느새 겨울이었다
산과 바다와 굴뚝까지 얼어붙어
온기가 사라진 시간만큼
시린 날들의 연속

세익스피어를 펼쳐 놓고
비릿한 흔적을 지워 가며

생각하지 말아야 할 것과
생각해야 할 것들로 더욱 깊어져

무언가를 사랑해서

거기에 대고 서정시 같은 구절을 쓰고 싶은 날이었다.

-「서정시 같았던 날들」 전문

깊고 까마득한 병과 죽음의 그림자를 통과하고 나서 얻었던, 그것은 그가 "무언가를 사랑해서" 찾게 된 결정이었고, 그것은 그렇게 서정시의 날들이자 "서정시 같았던 날들"의 운명이었음을 이 시는 가리키고 있었다. 시는 어쩌면 시인들에게 맹목의 일이었으니, 그의 시가 오래도록 갈수록 위축되어져 가는 "서정시"의 한 모서리를 감당하려 하는 자신의 영역을 키워 가기를 빌어 본다. 망실과 폐허의 자리에서 아픈 마음으로 일으킨 이번 시집의 상재를 깊은 우의와 더불어 축하드린다.